Un día en Sevilla

UN DÍA, UNA CIUDAD, UNA HISTORIA

ERNESTO RODRÍGUEZ

difusión

Colección **Un día en...**

Autor
Ernesto Rodríguez

Coordinación editorial
Pablo Garrido

Redacción
Carolina Domínguez

Documentación
Gema Ballesteros

Corrección ortotipográfica
Agnès Berja

Diseño y maquetación
Oriol Frias

Traducción
Anexiam

© Ernesto Rodríguez y Difusión, Centro de Investigación y Publicaciones de Idiomas, Barcelona 2018
ISBN: 978-84-17249-63-2
Impreso en España por Novoprint

C/ Trafalgar, 10, entlo. 1ª
08010 Barcelona
Tel. (+34) 93 268 03 00
Fax (+34) 93 310 33 40
editorial@difusion.com

www.difusion.com

Un día en Sevilla

UN DÍA, UNA CIUDAD, UNA HISTORIA

ÍNDICE

¡Comparte tus fotos y vídeos de la ciudad!

#undiaensevilla

Audios y soluciones de las actividades en
difusion.com/sevilla.zip

Diccionario visual Capítulo 1

Timbre

Peluquería

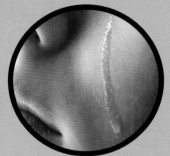

Lágrima

Brazo

Galletas de chocolate

Escalera

Sonrisa

Peinarse

Terraza

Puerta

Tostadas
con mermelada

Zumo
de naranja

Ojos

CAPÍTULO 1

Hoy es el último día de Emily en Sevilla. Ha pasado el verano trabajando como *au pair* en la casa de la familia Mendoza. El padre de la familia se llama Eugenio y trabaja en una multinacional; la madre se llama Carmen y es profesora en la universidad. Tienen dos hijas: Julia y Macarena. Macarena tiene siete años, los ojos azules y llenos de alegría y siempre quiere bailar. Julia tiene nueve años, una sonrisa preciosa y siempre da buenos consejos[1].

Emily tiene 18 años y ha vivido más de siete semanas con los Mendoza. En este tiempo, ha sido como la hermana mayor de Julia y Macarena. Con ellas ha jugado, ha bailado, ha reído y ha aprendido muchas cosas. Macarena le ha enseñado a bailar sevillanas. Julia le ha enseñado a tener paciencia con su hermana y muchas palabras en español. Emily piensa que, en el futuro, Julia va a ser una profesora maravillosa.

Son las ocho de la mañana cuando la puerta de la habitación de Emily se abre lentamente. Ella está dormida. Los gritos[2] de Julia y Macarena la despiertan:

—¡Emily! ¡Emily! —las niñas saltan sobre la cama.

—Aaahhh —Emily bosteza— *What?*

—¡Emily! ¡Despierta! ¡Te hemos preparado el desayuno!

Las niñas sacan a Emily de la habitación y van a la cocina. Emily tiene el pelo alborotado[3] y legañas[4] en los ojos. Todavía está un poco dormida cuando se sienta en la mesa de la cocina. Julia pone un vaso de zumo de naranja en la mesa.

—Toma, está recién exprimido[5]. Bébelo rápido, así no se pierden las vitaminas.

—Gracias por el consejo, cariño[6] —dice Emily.

Macarena pone otro plato sobre la mesa: tostadas con mermelada, galletas de chocolate, un kiwi y dos mandarinas.

—¡Buen provecho![7] —dice Macarena.

Emily mira a las niñas y suspira[8].

—Es el desayuno de despedida[9] —dice Julia.

—Sí, eso es —dice Macarena.

—Es el desayuno de "hasta luego" —dice Emily, que se siente muy triste—. Esta tarde merendamos juntas, ¿de acuerdo?

—¡Sí! —gritan las niñas.

—Os voy a echar de menos[10], niñas. Mucho.

—Y nosotras a ti, Emily —dice Macarena.

Emily mira a Julia, que tiene la cara llena de lágrimas. La niña, con una voz un poco triste, dice:

—Bebe el zumo, va. Que se pierden las vitaminas…

El plan de Emily es pasar la mañana con Fátima, una chica que trabaja en la cafetería que hay en su calle, en el barrio de Triana. Ambas tienen la misma edad y ambas han vivido este verano muchas aventuras juntas. Fátima es la primera y mejor amiga de Emily en Sevilla, pero no es la única. Durante estos meses de verano, Emily ha hecho muchos amigos: Carla, Raquel, David, Lidia, Antonio y Conchi son algunos de ellos.

Carla y Raquel son primas de Fátima y se han llevado muy bien[11] con Emily. Carla tiene 20 años y estudia Medicina en la universidad. Este verano ha trabajado en una terraza cerca de la plaza de España. Raquel tiene 19 años y trabaja en una peluque-ría en el barrio de Nervión.

David y Lidia son vecinos[12] de la familia Mendoza. Él tiene 19 años y ella, 18, como Emily. Son hermanos y tienen mucho sentido del humor[13]. Con ellos, las risas están garantizadas.

Emily conoce a Antonio porque ella estudia español en la escuela en la que Antonio estudia inglés. Juntos hacen intercambio lingüístico. Antonio tiene 23 años y quiere ser escritor. Conchi es la novia de Antonio y comparte con Emily la pasión por el cine.

Emily ha vivido momentos inolvidables[14] con todos ellos: las fies-tas con Fátima y sus primas, las tardes jugando a juegos de mesa[15] con David y Lidia, las conversaciones con Antonio o las noches de cine con Conchi.

Triana

Triana es uno de los once distritos de la ciudad de Sevilla. Está a la orilla del río Guadalquivir y se comunica con el centro de la ciudad por el puente de Triana. Es, también, el barrio al que pertenecen importantes artistas de la música española, como la cantante Isabel Pantoja o el dúo flamenco Lole y Manuel.

Ya se ha despedido[16] de todos sus amigos, menos de Fátima. Después de pasar la mañana con ella, Emily quiere pasar toda la tarde con sus niñas: Julia y Macarena. Las va a echar mucho de menos. Muchísimo.

Sin embargo, los planes de Emily no salen exactamente como ella espera. A las diez y media de la mañana, alguien llama al timbre de la casa de los Mendoza. Emily está en el lavabo, peinándose delante del espejo. Oye la voz de Carmen.

—¡Emily! Han venido a buscarte[17].

¿A buscarla? ¿Quién? Emily ha quedado con Fátima delante de la Torre del Oro, no en casa. Sale del lavabo y se acerca hasta la puerta. En el rellano[18] están todos sus amigos: está Fátima, pero también Carla, Raquel, David, Lidia, Antonio, Conchi ¡y también Gregorio, el primo de Antonio! ¡Qué pesado[19] es! ¡Pero qué divertido! Seguro que también va a echarlo de menos.

La plaza de España

Está en el Parque de María Luisa y es el conjunto arquitectónico más grande de todos los que se han construido en Sevilla durante el siglo XX. Ha sido el escenario de algunas películas míticas, como *Lawrence de Arabia* o *Star Wars Episodio 2*.

—¿Qué hacéis aquí? —pregunta Emily.

—Hemos venido a secuestrarte[20] —responde Fátima.

Emily se ríe y responde.

—¡Vale!

En ese momento, todo ocurre muy rápido. Conchi cierra la puerta de los Mendoza y agarra[21] a Emily por un brazo. Fátima la agarra por el otro brazo y, riéndose, bajan la escalera hasta la calle. Empieza una nueva aventura para Emily en Sevilla, quizás su última aventura en la ciudad. Las voces de Macarena y Julia suenan desde una ventana.

—¡Emily! ¡Emily!

Emily y sus amigos se detienen y miran a las niñas.

—¡Hasta luego, Emily!

—¡Hasta luego, niñas! —responde ella.

—Hasta luego, o no —dice Antonio—. Te recuerdo que estás secuestrada.

La Torre del Oro

Es uno de los iconos de la ciudad. Construida en el año 1220, en un principio forma parte del sistema defensivo de la ciudad, en ese momento gobernada por los árabes.

Todos se ríen, también Emily, pero ella siente emociones contradictorias. Se ríe porque está contenta y expectante. Quiere saber qué han preparado sus amigos para ella. Pero también se ríe porque está nerviosa, inquieta. No quiere sentir que no es libre de decidir lo que va a hacer, porque ella lo que más quiere hacer hoy es jugar toda la tarde con sus niñas. Quiere volver a bailar con Macarena. Quiere volver a escuchar los consejos de Julia. Sevilla va a ser un recuerdo maravilloso, sobre todo, gracias a ellas.

ACTIVIDADES
CAPÍTULO 1

1

¿Qué alimentos hay en el desayuno que las niñas le han preparado a Emily?

2

¿Sabes el nombre de todos los alimentos de la actividad anterior? Escribe a qué letra corresponden las siguientes palabras.

☐ Zumo de naranja

☐ Café con leche

☐ Yogur

☐ Cruasán

☐ Tostadas

☐ Galletas de chocolate

☐ Mandarinas

☐ Churros

☐ Kiwi

☐ Té

☐ Plátanos

☐ Mermelada

3

Relaciona las siguientes afirmaciones con los amigos de Emily.

	CARLA	RAQUEL	LIDIA	ANTONIO	CONCHI
Es peluquera.					
Le gusta mucho el cine.					
Tiene 20 años y quiere ser médico.					
Tiene un hermano y es muy divertida.					
Estudia inglés.					

Sevilla
LA CIUDAD

Sevilla es la capital de la comunidad autónoma de Andalucía y es su ciudad más poblada. Es la cuarta ciudad más grande de España (en número de habitantes) y por ella pasa el río Guadalquivir.

APUNTES
CULTURALES

Sevilla es la tercera ciudad de España más visitada por los turistas. Su casco antiguo es uno de los más grandes de Europa y en él conviven monumentos de las diferentes culturas y estilos que ha habido en la ciudad.

Sevilla une tradición e innovación. En los últimos años se ha transformado en una ciudad de bicicletas, tranvías y arquitectura contemporánea. Un ejemplo es el Espacio Metropol Parasol (en la foto), más conocido como "Las Setas".

El río Guadalquivir es navegable desde su desembocadura hasta Sevilla. Por eso, la ciudad cuenta con el único puerto marítimo de España en una ciudad de interior (a unos 70 km de la costa).

Hay aproximadamente 150 óperas ambientadas en la ciudad de Sevilla, entre ellas *Carmen* (de Bizet) o *Don Giovanni* y *Las Bodas de Fígaro* (ambas de Mozart).

Diccionario
visual Capítulo 2

Sol

Plaza
de toros

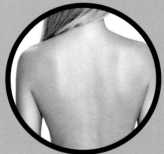

Espalda

Coche
de caballos

Cabeza

Río

Rueda

Caballo

Manos

Hombro

Puente

CAPÍTULO 2

Emily y sus amigos están en el puente de Triana, encima del río Guadalquivir. La luz del sol del mediodía brilla[1] en el agua. David le ha dicho a Emily que la primera parada de su ruta es la plaza de toros de la Maestranza, pero antes de llegar, Emily se detiene. Quiere volver a mirar el río Guadalquivir desde aquel puente una vez más.

—Esta ciudad es preciosa —dice Emily.

—Tú más —responde Gregorio.

—Qué pesado eres, Gregorio, macho[2] —dice Antonio, su primo.

El grupo de amigos de Emily se ríe. Todos menos uno, David, que ha estado muy serio[3] todo el tiempo. Su hermana Lidia se ha dado cuenta de la actitud de su hermano y por eso lo aparta[4] del grupo y le dice:

—¿Estás bien? Hoy estás muy serio.

—Sí, sí. No me pasa nada —responde David.

El grupo de amigos sigue su camino[5]. Paso a paso, se alejan[6] de David y Lidia. Emily ha visto hablar a los dos hermanos. Ella también cree que David no está de buen humor[7]. David y Lidia corren y se acercan al grupo. Emily se acerca a David y le pregunta:

—¿Qué vamos a hacer ahora?

—¿Cómo? ¿Qué?

—¿Cuál es vuestro plan? —sonríe Emily.

David balbucea[8].

—Pues… la verdad es que… no… no estoy muy segu… seguro.

—Ahora lo vas a ver, Emily —dice Lidia.

Emily habla con Lidia durante el camino hasta la plaza de toros. Cuando llegan a la Puerta del Príncipe de la Maestranza, el grupo se detiene. Emily y Lidia llegan unos instantes después. En ese momento, Emily observa que Antonio y su primo Gregorio han desaparecido.

—¿Dónde han ido esos dos? —pregunta Emily.

—Han ido a buscar algo —responden Conchi y Fátima.

Un poco apartadas del grupo están Carla y Raquel, las primas de Fátima, hablando entre susurros[9]. Raquel también tiene una actitud extraña: parece preocupada por algo, o quizás está triste. Quizás tiene relación con la actitud de David. O quizás no. Emily no está segura de qué, pero sabe que algo va mal entre sus amigos. Un grito interrumpe sus pensamientos.

—¡Buscamos a una inglesa que habla sevillano!

Es Gregorio, el pesado de Gregorio, subido a un coche de caballos tirado por dos caballos blancos. El coche de caballos es de

La Maestranza

La plaza de toros de Sevilla es una construcción del siglo XVIII. Es una de las plazas de toros más importantes de España. Las principales corridas de toros se celebran durante la Feria de Abril y durante la Feria de San Miguel, en el mes de septiembre.

color verde y tiene las ruedas pintadas de negro. Antonio va en otro coche de caballos unos metros detrás de su primo. El coche de caballos de Antonio es de color negro, va arrastrado por dos caballos negros y lleva las ruedas pintadas de amarillo. Ambos coches de caballos se detienen delante del grupo de amigos.

—¿Habéis visto a alguien así? —pregunta Gregorio.

—¿A una inglesa que habla sevillano? No sé, no sé… —responde Fátima con una gran risa.

Emily no puede borrar la sonrisa de su cara. ¡Menuda sorpresa! Un paseo en coche de caballos por la ciudad más bonita del mundo en compañía de sus amigos. Se abraza[10] a Fátima. Conchi y Carla se unen al abrazo. Lidia aplaude[11] mientras Gregorio y Antonio se bajan de los coches de caballos.

David y Raquel no comparten esa alegría. Se han apartado del grupo para hablar. Emily se separa del abrazo con sus amigas y observa la situación.

Paseo en coche de caballos

Una de las actividades turísticas más populares en Sevilla es dar un paseo por la ciudad en uno de estos bonitos carruajes arrastrados por caballos.

Raquel parece indignada[12] mientras habla. David intenta calmarla y le pone las manos en los hombros. Raquel aparta las manos de David. David niega[13] con la cabeza. Dice algo que cambia la cara de Raquel. Ya no está indignada. Ahora está enfadada. Muy enfadada. Furiosa.

—¡Vete a la mierda![14] —grita Raquel.

Raquel se va de allí sin mirar atrás ni decir adiós. El grupo de amigos espera en silencio, expectante. Solo pueden ver la espalda de David. Él no se gira hacia sus amigos, y sus amigos no saben qué hacer.

—David… —dice Lidia.

—¿Qué? —la voz de David está rota[15].

—¿Estás bien?

—Sí, sí. Claro que sí —David no se gira.

—¿Vienes con nosotros? —pregunta Lidia.

David se gira hacia su hermana Lidia, Emily y el resto del grupo. Tiene los ojos llenos de lágrimas. Niega con la cabeza y dice:

—Mejor no. No estoy de humor, y no soy buena compañía.

David camina en dirección a la Torre del Oro, la dirección opuesta a la de Raquel.

Unos instantes después, Emily le pregunta a sus amigos:

—¿Alguien sabe qué ha pasado?

—Estos dos han tenido una historia juntos —dice Carla.

—Pues creo que esa historia ha terminado —dice Antonio.

—Y no ha terminado demasiado bien —dice Gregorio.

—¿Y por qué ha terminado? —pregunta Fátima.

—Raquel no me ha dicho nada, pero creo que es un tema de celos[16]. Ella cree que a David le gusta otra chica —responde Carla.

—¿Y qué hacemos? —pregunta Emily.

—Tengo una idea —dice Gregorio.

—Gregorio, no es momento para tonterías[17] —dice Fátima.

—No es una tontería. Tenemos dos coches de caballos y dos amigos perdidos[18]. El coche de caballos verde va a buscar a David y el coche de caballos negro va a buscar a Raquel. Los recogemos[19] y nos encontramos delante de la Giralda. Luego nos vamos a tomar un tinto de verano o unas cervezas, y así ellos pueden hablar tranquilamente.

—¿Lo ves? Es una tontería —dice Fátima.

—Entonces, ¿qué hacemos con los coches de caballos?

Después de discutir durante un rato demasiado largo, los amigos de Emily deciden aceptar la loca idea de Gregorio. Han alquilado[20] los coches de caballos y quieren aprovechar el último día de Emily.

Tinto de verano
Es una bebida típica española que se prepara con vino tinto, gaseosa y hielo. Se consume especialmente en los meses más calurosos del año.

Además, la idea de buscar a sus amigos parece un juego divertido. Emily se sube al coche de caballos verde con Gregorio, Fátima y Lidia. En el coche de caballos negro viajan Antonio, su querida Conchi y Carla, que quiere encontrar a su prima.

—Buena suerte, equipo verde —dice Antonio.

—Buena suerte, equipo negro —responde Gregorio.

Los caballos empiezan su ruta. Cada coche de caballos avanza en una dirección diferente.

ACTIVIDADES
CAPÍTULO 2

--- **1** ---

Emily sube al coche de caballos delante de la plaza de toros de la Maestranza. Completa el texto con las siguientes palabras.

hay | está | importantes | tiene | Es | toreros

La plaza de toros de la Maestranza _____ en el barrio del Arenal, en Sevilla. _____ un edificio del siglo XVIII, así que _____ más de cien años de historia. Dentro de este lugar _____ un museo taurino y una capilla. Es una de las plazas de toros más _____ del país. En esta plaza han toreado los mejores _____ de la historia.

--- **2** ---

Observa la pantalla del teléfono de Emily y di si las siguientes afirmaciones son verdaderas o falsas.

	V	F
El teléfono tiene más de la mitad de batería.		
Son las cuatro y media de la tarde.		
Han encontrado a Raquel.		
Emily está sorprendida.		
Emily viaja en el cohe de caballos negro.		
Emily no tiene cobertura.		

Emily:
Los del coche verde no hemos encontrado aún a David. ¿Vosotros habéis visto a Raquel?
16:32

Carla:
No. En el coche negro tampoco tenemos suerte.
16:33

Emily:
Estoy muy sorprendida con toda esta historia.
16:33

Carla:
Lo entiendo.
16:34

La Sevilla monumental
VISITAS OBLIGADAS

Sevilla tiene una colección de monumentos impresionante, con edificios religiosos y civiles de todas las épocas. Los estilos arquitectónicos también son muy diversos: hay obras de estilo gótico, mudéjar, renacentista, barroco, neoclásico...

APUNTES
CULTURALES

Dar un paseo por Sevilla en un coche de caballos es una de las opciones más populares para conocer la ciudad. Cómodamente sentado, en poco tiempo se pueden ver los monumentos más interesantes de la ciudad.

Terminada en el año 1221, la Torre del Oro es uno de los iconos de la ciudad. No está claro el origen de su nombre, pero se dice que es por su brillo dorado a la luz del sol.

El Palacio de San Telmo es un edificio barroco. Actualmente es un edificio gubernamental. En él hay muchas esculturas de diferentes personalidades históricas de la cultura sevillana.

El Real Alcázar de Sevilla es un palacio fortificado que presenta rasgos arquitectónicos de diferentes épocas. Es, por esa razón, una obra de mucho interés cultural y uno de los monumentos más visitados de la ciudad.

Diccionario visual Capítulo 3

Calcetines

Aeropuerto

Falda

Chándal

Cama

Peluche

Bañador

Camiseta

Maleta

Pantalones

CAPÍTULO 3

Emily vuelve a casa de la familia Mendoza a las seis y media de la tarde. En ese momento, Julia y Macarena están jugando con unos peluches en el salón de la casa. Emily tiene los ojos tristes y el rostro[1] preocupado y serio. Parece disgustada[2].

—He llegado un poco tarde, niñas. Lo siento mucho —les dice Emily a Julia y a Macarena.

—¿Qué ha pasado? ¿Por qué has llegado tan tarde? —pregunta Julia.

—Es una larga historia. Ahora no tengo tiempo para jugar con vosotras porque tengo que hacer la maleta[3], ¿me ayudáis? —pregunta Emily.

Las niñas aceptan[4] y acompañan a Emily a su habitación. Sobre la cama hay una maleta abierta y una montaña de ropa al lado: seis camisetas, dos chándales, varios pares de calcetines, algunos pantalones, varias faldas y dos bañadores.

—Tengo que doblar[5] toda esta ropa y guardarla en la maleta —dice Emily.

Las dos hermanas y la *au pair* se sientan en la cama a doblar la ropa. Macarena tiene un par de calcetines en la mano cuando vuelve a insistir con la pregunta:

—¿Qué ha pasado, Emily?

Emily suspira, mira al vacío[6] y luego mira a Macarena.

—Mis amigos me han llevado hasta la Maestranza para darme una sorpresa: Antonio y Gregorio han alquilado dos coches de caballos, uno verde y otro negro, para dar una vuelta por la ciudad.

—¡Qué bonito! —dice Julia.

—¡Sí! ¡Qué ilusión![7] —dice Macarena.

—Ya, pero no ha sido demasiado bonito.

—¿Por qué? —pregunta Macarena.

—Porque antes de empezar el paseo en coche de caballos, David y Raquel se han enfadado[8] y se han ido por caminos diferentes.

—¿Con quién se han enfadado? —pregunta Julia.

—Se han enfadado entre ellos.

—¿Por qué? —pregunta Macarena.

—No estoy segura. David y Raquel han tenido una historia[9] este verano… y parece que ha terminado mal —responde Emily.

—¿Una historia juntos? ¿David y Raquel? —pregunta Julia.

—Sí —responde Emily.

—¿David? ¿Nuestro vecino David? ¿El hermano de Lidia? —pregunta Julia.

—Ese mismo[10].

—¿Y Raquel, la prima de Fátima?

—Esa misma —responde Emily.

—¡Increíble! —dice Julia.

—Sí, pero ya no están juntos. Se han enfadado porque Raquel está celosa de otra chica.

—¿De quién? —preguntan las niñas.

—Ni idea[11]. Raquel cree que a él le gusta alguien, pero no sé quién.

—Para saber quién le gusta a David hay que saber a quién mira con más atención —dice Julia, que siempre tiene buenos consejos y buenas ideas.

—Pues tenemos que fijarnos[12], Julia —dice Macarena—. A partir de ahora, vamos a espiar[13] las miradas de David.

—¡De acuerdo! —ríe Julia.

Las tres se ríen. Emily piensa en que no va a volver a ver[14] a sus niñas en mucho tiempo. No va a volver a escuchar sus risas en mucho tiempo. Eso le duele.

—Ay, niñas… Voy a echar mucho de menos pasar estos ratos con vosotras.

—¡Y nosotras contigo! —dice Macarena.

—Por eso estoy un poco enfadada, porque he perdido mucho tiempo con mis amigos en lugar de estar con vosotras.

—¿Cómo ha terminado la historia de David y Raquel? —pregunta Julia.

—Pues Gregorio ha tenido una idea: buscar a Raquel y a David con los coches de caballos. Yo he viajado en el verde. Hemos ido desde la Maestranza a la Torre del Oro, luego hemos rodeado el Real Alcázar. Hemos buscado a David en el Patio de las Doncellas, en el Hospital de los Venerables y en la plaza del Triunfo, pero no lo hemos encontrado. Finalmente, hemos llegado a la Giralda sin

El Real Alcázar de Sevilla

Es un palacio construido en diferentes épocas. El palacio original es de la Edad Media, pero presenta rasgos del arte de épocas posteriores: en el Real Alcázar hay muestras de arte islámico, gótico, renacentista y barroco. Una de las estancias más famosas es el patio de las Doncellas.

noticias de David. No contesta a las llamadas ni a los mensajes. Ha desaparecido.

—¿Y el otro coche de caballos ha encontrado a Raquel? —pregunta Julia.

—No.

—Quizás no han buscado bien —dice Julia.

—El otro coche ha ido a la Alameda de Hércules y a la plaza del Duque, luego han pasado por la plaza Nueva y han llegado a la Giralda. No tenemos noticias de ninguno de los dos. Han desaparecido.

—Vaya…

—Ha sido un día de mierda[15] —dice Emily.

A Macarena y a Julia les cambia la cara cuando escuchan a su "hermana mayor" decir eso. Las dos parecen un poco más tristes. Emily se da cuenta de[16] ese cambio.

—¡Pero ahora mi día es genial porque estoy con vosotras! —dice Emily.

Macarena y Julia sonríen y abrazan a Emily.

El Hospital de los Venerables

Este edificio barroco del siglo XVII es actualmente la sede del Centro Velázquez, en homenaje al pintor sevillano Diego Velázquez.

—Y nuestro verano ha sido genial porque tú has estado con nosotras —dice Julia.

—¡Es verdad! —dice Macarena—. ¡No te puedes ir! ¡Tienes que quedarte!

En ese momento, Eugenio Mendoza, el padre de las niñas, aparece en la habitación.

—Emily, tenemos que ir al aeropuerto, ¿estás preparada?

Emily mira a las niñas y dice:

—No, nunca voy a estar preparada, pero no hay más remedio[17].

ACTIVIDADES
CAPÍTULO 3

1

¿De qué coche de caballos hablamos en cada caso? ¿Del negro o del verde? Compruébalo en el capítulo y márcalo.

	Negro	Verde
Dos caballos blancos tiran de este coche.		
En este coche viaja Gregorio.		
Este coche tiene que encontrar a Raquel.		
Este coche tiene que encontrar a David.		
En este coche viaja Antonio.		
En este coche viajan Emily, Fátima y Lidia.		
Dos caballos negros tiran de este coche.		
En este coche viajan Conchi y Carla.		
Este coche ha rodeado el Real Alcázar.		
Este coche ha pasado por la plaza Nueva.		
Este coche ha pasado por la plaza del Triunfo.		

¿Cuáles de las siguientes prendas guarda Emily en la maleta?

La Catedral de Sevilla

PATRIMONIO DE LA HUMANIDAD

La Catedral de Santa María de la Sede de Sevilla es un monumento que bate récords: es la catedral gótica cristiana más extensa del mundo, tiene el campanario con más campanas de todas las catedrales del país y es el monumento más visitado de la ciudad.

APUNTES
CULTURALES

La Giralda es el icono más importante de la ciudad. Se trata de la torre del campanario de la catedral. Es una torre de casi cien metros de altura y, durante siglos, ha sido una de las construcciones más elevadas de Europa.

La Giralda es un reflejo de la historia de la ciudad y de los pueblos que la han habitado. La parte inferior de la torre es un minarete del siglo XII. La parte superior es del XVI y es una construcción cristiana de estilo plateresco.

Dentro de la catedral se pueden encontrar muchas obras de los mejores artistas españoles de la historia: hay cuadros de pintores como Murillo o Zurbarán, o esculturas de Martínez Montañés.

En el conjunto arquitectónico de la catedral de Sevilla están presentes diferentes estilos (gótico, renacentista, barroco y neoclásico). Este lugar es un paraíso para todos los estudiantes de Historia del Arte.

Diccionario
visual Capítulo 4

Lengua

Teléfono móvil

Fotos

Auxiliar de vuelo

Refresco

Cafetería

Gorra

Avión

Corazón

Asiento

CAPÍTULO 4

Son las ocho de la tarde cuando Emily se despide de Eugenio Mendoza en la entrada del aeropuerto. Julia y Macarena no han ido con ellos porque Emily ha preferido despedirse de ellas en casa. No quiere llorar[1] en un lugar público como un aeropuerto.

—Las niñas te van a echar mucho de menos, y mi mujer y yo también —dice Eugenio.

—Y yo a vosotros. Gracias por tratarme tan bien[2] —dice Emily.

—¿Por qué no vuelves para la Feria de Abril? La ciudad se viste de fiesta y está todo precioso —dice Eugenio.

—¡Me encantaría![3] Aunque Sevilla siempre está preciosa… —responde Emily.

Eugenio le da un largo abrazo a Emily.

—Hasta la próxima.

Como todavía queda una hora para su vuelo, Emily va a la cafetería del aeropuerto y pide un refresco. Le duele un poco la cabeza y piensa que debe ser por el estrés de las últimas horas. También le duele un poco el corazón y sabe que es por culpa de la idea de no volver a ver a las niñas ni a sus amigos. ¿Cuándo va a bailar con Macarena de nuevo? Emily recuerda las clases de sevillanas con ella, ¡qué divertidas!

¿Cuándo va a escuchar otro consejo de Julia? Esa niña todavía no tiene diez años pero ya es más lista[4] que ella.

¿Cuándo va a salir otra vez de fiesta[5] con Fátima? Emily recuerda las noches en Sevilla. Quizás[6] la ciudad es aún más bonita de noche que de día, piensa ella. Todos los sevillanos dicen que Sevilla es la ciudad más bonita del mundo. Emily sabe que los sevillanos están muy orgullosos[7] de su ciudad, ¡y tienen razón! No puede imaginarse ninguna ciudad más hermosa que Sevilla. Quizás no existe.

¿Cuándo va a volver a conversar con Antonio? Emily recuerda las tardes por el barrio de Triana, aprendiendo expresiones andaluzas con Antonio y enseñándole a él cómo se insulta[9] en inglés. ¡Qué recuerdos tan divertidos!

Emily saca el teléfono móvil y comprueba, disgustada, que David no ha respondido a ninguno de sus mensajes. Raquel sí que ha respondido a uno de ellos.

> **Emily:**
> Raquel, ¿estás bien? Ahora tengo que volver a mi país, pero quiero decirte que ha sido un placer conocerte[10].　　　　　16:06 ✓✓

> **Raquel:**
> Estoy bien, gracias. Adiós.　　　16:07 ✓✓

Las sevillanas

Las sevillanas son un cante y un baile andaluces típicos de Sevilla y otras ciudades de Andalucía. Son la esencia del folclore sevillano, y se cantan y bailan en todo tipo de celebraciones, como la famosa Feria de Abril de Sevilla.

Emily se siente mal. No entiende por qué Raquel le ha respondido de una forma tan antipática[11]. En ese momento, Emily observa que Raquel ha cambiado su imagen de perfil: de una foto de Raquel con todo el grupo de amigos, ha pasado a una foto de Raquel sola.

Emily mira las fotos de su móvil. En ellas encuentra los recuerdos de esos maravillosos meses de verano. En una foto aparece ella con la familia Mendoza en la plaza de España. Eugenio tiene a Macarena en brazos[12]. Julia agarra con una mano a su madre y con otra mano a Emily. En otra fotografía aparece Emily con David y Lidia delante de la basílica de la Macarena. En la fotografía aparecen los tres sonriendo. Emily recuerda las risas con ellos, los chistes[13] de David y las ocurrencias[14] de Lidia. El sentido del humor de los españoles ha sido uno de los grandes descubrimientos de Emily y es una de las cosas que más va a echar de menos de este país… después del sol.

Basílica de la Macarena

Es un templo católico que está en el casco antiguo de Sevilla. Es un edificio construido entre los años 1941 y 1949, y el primer templo sevillano en tener la distinción de "Basílica".

En otra fotografía aparece Emily con Antonio, su novia Conchi y su primo Gregorio. Se trata de un *selfie*. Están los cuatro en el Palacio de la Lebrija. ¡Emily recuerda muy bien esa excursión! En la foto aparece Gregorio con la lengua fuera (siempre actúa como un payaso), Antonio y Conchi están abrazados. Emily, que es la persona que hace la foto, tiene los ojos muy abiertos y felices.

En otra fotografía aparece Emily con Fátima y sus primas Carla y Raquel en una calle del Barrio de Santa Cruz. Es una foto de hace más de una semana. Emily lleva una gorra de color verde con el escudo del Real Betis Balompié. Fátima y Clara llevan camisetas del Sevilla FC. Raquel aparece en el último lugar de la composición. Tiene una sonrisa triste en la cara.

¿Qué ha pasado entre ella y David? Piensa Emily.

Se escucha un mensaje por la megafonía del aeropuerto:

Museo Palacio de la Condesa de Lebrija

Este edificio del siglo XVI está en el centro de la ciudad. Desde hace años es un museo abierto al público. En él se pueden encontrar obras artísticas de la época árabe y romana, y se pueden ver los mosaicos romanos que pavimentan la planta baja.

Último aviso para los viajeros del vuelo a Londres. Por favor, acudan a la puerta de embarque.

¡El tiempo ha pasado volando! Emily se levanta de su silla en la cafetería y camina hacia la puerta de embarque[15]. Entra en el avión y se sienta en su sitio. Los auxiliares de vuelo explican las normas de seguridad del avión mientras Emily mira más fotografías de su teléfono móvil. En una de ellas aparece Emily con todos sus amigos delante de la catedral de Sevilla. De izquierda a derecha están Fátima, Clara, David, Raquel, Lidia, Emily, Antonio y Conchi. Todos miran a la cámara, menos una persona, David, que está mirando hacia otro lado. ¿Hacia dónde? Emily no está segura, pero cree que David mira a… No, no puede ser.

Emily busca otras fotografías de su grupo de amigos. Encuentra una en la que aparecen todos (también Gregorio, que a veces está y a veces no) en el patio de la Casa de las Dueñas. Antonio y Conchi tienen la lengua fuera, Gregorio sonríe abrazado a Lidia y Fátima y sus primas tienen los brazos levantados[16], como una imagen de pura alegría. Emily está en el centro de la fotografía. David está justo detrás de ella, mirando a… No, claro que no puede ser.

—Disculpe, pero tiene que apagar su teléfono móvil —le dice una auxiliar de vuelo a Emily.

—Sí, ahora mismo. Solo un segundo.

El corazón de Emily late[17] con fuerza. Recuerda las palabras de Julia, la niña más sabia que jamás[18] ha conocido:

"Para saber quién le gusta a David hay que saber a quién mira con más atención".

Emily busca otras fotos de su grupo de amigos y observa que en todas ellas David mira siempre en la misma dirección.

La mira a ella.

Emily suspira y apaga el teléfono móvil. El avión despega[19].

"Adiós, Sevilla." Piensa Emily. "No has dejado de sorprenderme hasta el último minuto."

FIN

~~ACTIVIDADES~~
CAPÍTULO 4

1

Elige la respuesta correcta para cada pregunta.

1. ¿Por qué piensa Emily que los sevillanos son un poco "chulos"?

A. Porque se visten con ropa muy elegante.

B. Porque están muy orgullosos de su ciudad.

C. Porque son simpáticos.

2. Según las fotografías de Emily, ¿quién puede ser la chica que le gusta a David?

A. Ella misma.

B. Su amiga Fátima.

C. Su amiga Carla.

3. ¿Quién es la última persona que se despide de Emily?

A. Macarena.

B. Su amiga Fátima.

C. Eugenio.

4. ¿Qué piensa Emily de Gregorio?

A. Que es un poco pesado, pero muy simpático.

B. Que es idiota y muy antipático.

C. Que es muy guapo y atractivo.

5. ¿Qué hace Emily en su último día en Sevilla?

A. Se queda en casa.

B. Sale de fiesta.

C. Da un paseo en coche de caballos.

6. ¿Quién es la hermana de David?

A. David no tiene hermanas.

B. Lidia.

C. Fátima.

7. ¿Qué actividad ha hecho Emily con las niñas hoy?

A. Ha ido al aeropuerto.

B. Ha hecho la maleta.

C. Ha mirado fotografías del teléfono móvil.

8. ¿Con qué amigo ha aprendido Emily expresiones andaluzas?

A. Con Antonio.

B. Con David.

C. Con Gregorio.

2

¿Cuáles de estas cosas ha sentido Emily durante el día? Escoge tres y explica por qué las ha sentido y cuándo.

Alegría | Tristeza | Aburrimiento | Nervios | Tranquilidad Urgencia | Pena | Odio | Sorpresa

----

La Feria de Abril

UN EVENTO ANUAL

Es una fiesta que se celebra cada primavera en Sevilla. Todo el público se reúne en un gran recinto que se llama Real de la Feria, donde hay calles con casetas decoradas con farolillos. Por esas calles temporales circulan durante el día coches de caballos que llevan a los asistentes de un lado a otro del recinto.

APUNTES
CULTURALES

La Feria de Abril es la fiesta más popular de la ciudad. Todas las personas que van a la Feria llevan sus mejores ropas. Las mujeres llevan el traje de flamenca y los hombres suelen ir con chaqueta, con o sin corbata. Los hombres a caballo suelen llevar el traje tradicional.

La fiesta se celebra en casetas, donde se bailan sevillanas, se bebe y se come. Algunas casetas son públicas y puede visitarlas todo el mundo, pero la mayoría son privadas y de acceso exclusivo.

La Feria comienza con el "alumbrao". En esta ceremonia se encienden todas las bombillas de portada, la entrada principal de la Feria, y después se encienden todas las luces del recinto del Real de la Feria.

El rebujito es una bebida refrescante y alcohólica muy popular durante la Feria. Se trata de una mezcla de manzanilla o fino (dos tipos de vino) con un refresco de gaseosa.

GLOSARIO

CAPÍTULO 1

CASTELLANO	INGLÉS	FRANCÉS	ALEMÁN	NEERLANDÉS
1. Consejo	Advice	Conseil	Ratschlag	Tip
2. Gritos	Shouts	Cris	Schreie	Gillen
3. Pelo alborotado	Messy hair	Cheveux ébouriffés	verwuschelte Haare	Haar in de war
4. Legañas	Sleep	Chassies	Schlaf	Slaapzand
5. Exprimido/-a	Squeezed	Pressé/-e	ausgepresst	Geperst
6. Cariño	My love	Mon chéri/ma chérie	Schatz	Lieverd
7. ¡Buen provecho!	Enjoy!	Bon appétit !	Guten Appetit!	Eet smakelijk!
8. Suspirar	To sigh	Soupirer	seufzen	Zuchten
9. De despedida	Farewell	D'au revoir	zum Abschied	Afscheids-
10. Echar de menos	To miss	Manquer	vermissen	Missen
11. Llevarse bien	To get on well	Bien s'entendre	sich gut verstehen	Het goed met elkaar kunnen vinden
12. Vecino/-a	Neighbour	Voisin/-e	Nachbar/-in	Buurman/buurvrouw
13. Sentido del humor	Sense of humour	Sens de l'humour	Sinn für Humor	Gevoel voor humor
14. Inolvidable	Unforgettable	Inoubliable	unvergesslich	Onvergetelijk
15. Juegos de mesa	Board games	Jeux de société	Brettspiele	Tafelspelletjes
16. Despedirse	To say goodbye	Dire au revoir	sich verabschieden	Afscheid nemen
17. Ir a buscar a alguien	To pick someone up	Aller chercher quelqu'un	jemanden abholen	Iemand opzoeken
18. Rellano	Landing	Palier	Treppenabsatz	Overloop
19. ¡Qué pesado!	What a pain!	Qu'il est lourd !	Wie nervig!	Wat een lastpak!
20. Secuestrar a alguien	To kidnap someone	Séquestrer quelqu'un	jemanden entführen	Iemand ontvoeren
21. Agarrar	To grab	Attraper	festhalten	Vastpakken

CAPÍTULO 2

CASTELLANO	INGLÉS	FRANCÉS	ALEMÁN	NEERLANDÉS
1. Brillar	To shine	Briller	glitzern	Schijnen
2. Macho	Mate	Mec	Alter	Kerel
3. Estar serio/-a	To be serious	Être sérieux/-euse	ernst sein	Serieus zijn
4. Apartar	To take aside	Détourner	beiseitenehmen	Apart nemen
5. Camino	To keep going	Chemin	Weg	Weg
6. Alejarse	To move away	S'éloigner	sich entfernen	Weggaan
7. Estar de buen humor	To be in a good mood	Être de bonne humeur	gut gelaunt sein	In een goed humeur zijn
8. Balbucear	To stutter	Balbutier	stottern	Stamelen
9. Susurro	Whisper	Chuchotement	Geflüster	Gefluister
10. Abrazarse	To hug	Embrasser/S'embrasser	umarmen	Elkaar omhelzen
11. Aplaudir	To clap	Applaudir	applaudieren	Klappen
12. Indignado/-a	Annoyed	Indigné/-e	empört	Verontwaardigd
13. Negar (con la cabeza)	To shake one's head	Faire non de la tête	verneinen (mit dem Kopf)	Nee schudden
14. ¡Vete a la mierda!	Go to hell!	Va te faire foutre !	Du kannst mich mal!	Rot op!
15. Roto/-a	Cracked	Cassé/-e	gebrochen	Gebroken
16. Celos	Jealousy	Jalousie	Eifersucht	Jaloezie
17. Tontería	Nonsense	Bêtise	Blödsinn	Flauwekul
18. Perdido/-a	Lost	Perdu/-e	verloren	Verdwenen
19. Recoger a alguien	To pick someone up	Aller chercher quelqu'un	jemanden abholen	Oppikken
20. Alquilar	To hire	Louer	mieten	Huren

CASTELLANO	INGLÉS	FRANCÉS	ALEMÁN	NEERLANDÉS
1. Rostro	Face	Air	Gesicht	Gelaat
2. Disgustado/-a	Upset	Contrarié/-e	verärgert	Ontstemd
3. Hacer la maleta	To pack a bag	Faire les valises	Koffer packen	De koffer inpakken
4. Aceptar	To agree	Accepter	akzeptieren	Accepteren
5. Doblar	To fold	Plier	falten	Opvouwen
6. Mirar al vacío	To look into space	Regarder dans le vide	ins Leere schauen	In de verte staren
7. ¡Qué ilusión!	How exciting!	C'est chouette !	Wie toll!	Wat leuk!
8. Enfadarse	To get angry	Se fâcher	streiten	Boos worden op elkaar
9. Tener un romance	To have a romance	Avoir une aventure	ein Techtelmechtel haben	Een affaire hebben
10. Ese/-a mismo/-a	Exactly	Celui-là même/celle-là même	genau der/die	Dezelfde
11. Ni idea	No idea	Aucune idée	keine Ahnung	Geen idee
12. Fijarse en algo	To pay attention to something	Faire attention à quelque chose	auf etwas achten	Ergens op letten
13. Espiar	To spy	Épier	ausspionieren	Bespieden
14. Volver a + [infinitivo]	To do [something] again	[infinitif] + à nouveau	wieder	Opnieuw
15. De mierda	Shitty	Pourri/-e	beschissen	Klote-
16. Darse cuenta de algo	To notice something	Se rendre compte de quelque chose	etwas bemerken	In de gaten krijgen
17. No hay más remedio	There is no alternative	On ne peut rien y faire	Da ist nichts zu machen	Er is geen andere mogelijkheid

CASTELLANO	INGLÉS	FRANCÉS	ALEMÁN	NEERLANDÉS
1. Llorar	To cry	Pleurer	weinen	Huilen
2. Tratar bien/mal a alguien	To be nice/nasty to someone	Traiter bien/mal quelqu'un	jemanden gut/schlecht behandeln	Iemand goed/slecht behandelen
3. ¡Me encantaría!	I would love to!	J'adorerais ça !	Sehr gern!	Dat zou ik leuk vinden!
4. Listo/-a	Smart	Intelligent/-e	gewitzt	Slim
5. Salir de fiesta	To go partying	Sortir faire la fête	feiern gehen	Feesten
6. Quizás	Maybe	Peut-être	vielleicht	Misschien
7. Orgulloso/-a	Proud	Fier/fière	stolz	Trots
8. Chulo/-a	Cocky	Crâneur/-euse	prahlerisch	Opschepper
9. Insultar	To insult	Insulter	beleidigen	Beledigen
10. Ha sido un placer conocerte	It was a pleasure to meet you	Enchanté/-e d'avoir fait ta connaissance	Es war ein Vergnügen, dich kennenzulernen	Het was een genoegen om je te leren kennen
11. Antipática	Unpleasant	Antipathique	unsympathisch	Onaardig
12. En brazos	to hold [someone] in your arms	Dans ses bras	im Arm	In de armen
13. Chiste	Joke	Blague	Witze	Grap
14. Ocurrencia	Funny remark	Mot d'esprit	Einfälle	Geestige opmerking
15. Puerta de embarque	Boarding gate	Porte d'embarquement	Flugsteig	Gate
16. Levantado/-a	Raised	Levé/-e	erhoben	Omhoog
17. Latir	To beat	Battre	klopfen	Kloppen
18. Jamás	Ever	Jamais	jemals	Ooit
19. Despegar	To take off	Décoller	abheben	Opstijgen

Sevilla
LA CIUDAD
.... **p. 14-15**

Seville
THE CITY
Seville is the capital of Andalusia and the largest city in the region. It is the fourth-largest city in Spain (by population) and lies on the banks of the river Guadalquivir.

Seville is the third most visited city in Spain. Its old quarter is one of the largest in Europe, home to monuments from the various cultures and styles to have made a mark on the city.

Seville combines tradition and innovation. In recent years, it has become a city of bicycles, trams and contemporary architecture (such as the *Espacio Metropol Parasol*, more commonly known as *Las Setas* - the Mushrooms).

The river Guadalquivir is navigable from the Atlantic Ocean to Seville, which is why the city is home to the only sea port in Spain in an inland city (some 70 kilometres from the coast).

Approximately 150 operas are set in the city of Seville, including *Carmen* (by Bizet), *Don Giovanni* and *The Marriage of Figaro* (by Mozart).

Séville
LA VILLE
Séville est la capitale de la Communauté autonome d'Andalousie et est sa ville la plus peuplée. Il s'agit de la quatrième plus grande ville d'Espagne (en nombre d'habitants). Le fleuve Guadalquivir la traverse.

Séville est la troisième ville d'Espagne la plus visitée par les touristes. Son centre historique est l'un des plus grands d'Europe. Y cohabitent des monuments relevant des différentes cultures et différents styles qu'il y a eus dans la ville au fil de son histoire.

Séville allie tradition et innovation. Au cours de ces dernières années, elle est devenue une ville de vélos, tramways et architecture contemporaine (citons comme exemple l'Espacio Metropol Parasol, plus connu sous le nom de « Las Setas », soit les champignons).

Le fleuve Guadalquivir est navigable de son embouchure à Séville. C'est pour cette raison que la ville possède l'unique port maritime d'Espagne se trouvant dans une ville située à l'intérieur des terres (à environ 70 km de la côte).

Il existe environ 150 opéras dont l'histoire se déroule dans la ville de Séville, parmi lesquels *Carmen* (de Bizet) ou *Don Giovanni* et *Les Noces de Figaro* (tous deux de Mozart).

Sevilla
DIE STADT

Sevilla ist die Hauptstadt und gleichzeitig die Stadt mit höchster Bevölkerungszahl der Autonomen Region Andalusien. Sie ist die viertgrößte Stadt Spaniens (in Bevölkerungszahl) und wird von dem Fluss Guadalquivir durchquert.

Sevilla ist die am dritthäufigsten von Touristen besuchte Stadt Spaniens. Sie hat eine der größten Altstädte Europas, in der man Monumente verschiedener Kulturen und Stilepochen sehen kann.

Sevilla vereint Tradition und Innovation. In den letzten Jahren hat sie sich in eine Stadt der Fahrräder, Straßenbahnen und modernen Bauwerke verwandelt (zum Beispiel der Espacio Metropol Parasol, der auch unter dem Namen *„Las Setas"*, die Pilze, bekannt ist).

Der Fluss Guadalquivir ist von seiner Einmündung bis Sevilla befahrbar, weshalb Sevilla die einzige Stadt im Inland Spaniens (etwa 70 km von der Küste entfernt) ist, die einen Seehafen hat.

Ungefähr 150 Opern spielen in der Stadt Sevilla, beispielsweise *Carmen* (von Bizet) oder *Der bestrafte Wüstling* und *Die Hochzeit des Figaro* (beide von Mozart).

Sevilla
DE STAD

Sevilla is de hoofdstad van de autonome regio Andalusië en is haar dichtstbevolkte stad. Het is de op drie na grootste stad van Spanje (in aantal inwoners) en dwars door de stad loopt de rivier de Guadalquivir.

Sevilla is de op twee na door toeristen meest bezochte stad van Spanje. De oude binnenstad is een van de grootste van Europa en herbergt monumenten van verschillende culturen en stijlen die in de stad hebben bestaan.

Sevilla verenigt traditie en innovatie. In de afgelopen jaren is Sevilla uitgegroeid tot een stad van fietsen, trams en hedendaagse architectuur (een voorbeeld is het Espacio Metropol Parasol Space, beter bekend als "Las Setas" (De Paddenstoelen)).

De rivier de Guadalquivir is bevaarbaar vanuit de monding naar Sevilla, daarom heeft de stad de enige zeehaven in Spanje in het binnenland (ongeveer 70 km van de kust).

Er zijn ongeveer 150 opera's in de stad Sevilla, waaronder *Carmen* (van Bizet) of *Don Giovanni* en *Figaro's bruiloft* (beide van Mozart).

La Sevilla monumental
VISITAS OBLIGADAS
.... **p. 26-27**

The monuments of Seville
MUST-SEE SIGHTS

Seville has an impressive collection of monuments, including religious and civilian buildings from throughout history. The architectural styles are also highly diverse: Gothic, Mudejar, Renaissance, Baroque, Neoclassical, etc.

Taking a tour around Seville in a horse-drawn carriage is one of the most popular ways to discover the city. From a comfortable seat, the city's most interesting monuments can be seen in a short time.

Finished in 1221, the *Torre del Oro* is one of the city's best-known icons. The origins of the name are unclear but some say it is because it looks golden in the sunlight.

San Telmo Palace is a Baroque building currently being used by the government. It houses several sculptures by various historic figures from Sevillian culture.

The *Real Alcázar* of Seville is a fortified palace with architectural elements from several periods in history. This makes it culturally interesting and one of the most-visited sites in the city.

La Séville monumentale
LES VISITES À NE PAS MANQUER

Séville possède une impressionnante collection de monuments, composée d'édifices religieux et civils de toutes les époques. Les styles architecturaux sont également très divers : il y a des ouvrages de style gothique, mudéjar, Renaissance, baroque, néoclassique...

Se promener dans Séville à bord d'une calèche est l'une des options les plus populaires pour découvrir la ville. Confortablement assis, vous pourrez voir en peu de temps les monuments les plus intéressants de la ville.

Achevée en 1221, la Torre del Oro est l'une des icônes de la ville. On ne sait pas exactement d'où elle puise son nom, mais on dit qu'elle s'appelle ainsi en raison de l'éclat doré qu'elle émet sous la lumière du soleil.

Le palais de San Telmo est un bâtiment baroque, qui est actuellement édifice gouvernemental. Il héberge de nombreuses sculptures de différentes personnalités historiques de la culture sévillane.

Le Real Alcázar de Séville est un palais fortifié qui présente des éléments architecturaux de différentes époques. C'est pour cette raison qu'il s'agit d'un ouvrage présentant un intérêt culturel très important et l'un des plus visités de la ville.

Das monumentale Sevilla
SEHENSWÜRDIGKEITEN

Sevilla verfügt über eine beeindruckende monumentale Vielfalt mit religiösen und bürgerlichen Bauten aus allen Epochen. Die architektonischen Stile sind ebenfalls sehr vielseitig: gotische, mudéjar-, renaissance-, barock-, neoklassizistische Bauten...

Eine Stadtrundfahrt durch Sevilla in der Pferdekutsche ist eine der populärsten Möglichkeiten, die Stadt kennenzulernen. Man kann bequem sitzend in kurzer Zeit die interessantesten Denkmäler der Stadt sehen.

Der im Jahr 1221 fertiggestellte Torre del Oro ist eine der symbolträchtigsten Bauten der Stadt. Der Ursprung des Namens ist unklar, es wird aber vermutet, dass er von seinem goldenen Glanz bei Sonnenlicht rührt.

Der Palast San Telmo ist ein barockes Gebäude, dass aktuell als Regierungsgebäude genutzt wird. In ihm befinden sich viele Skulpturen verschiedener historischer Persönlichkeiten aus Sevilla.

Der Real Alcázar von Sevilla ist ein befestigter Palast, der architektonische Merkmale verschiedener Epochen aufweist. Aus diesem Grund ist dieses Bauwerk ein wichtiges Kulturgut und zählt zu den meistbesuchten Sehenswürdigkeiten der Stadt.

Het monumentale Sevilla
VERPLICHTE BEZOEKEN

Sevilla heeft een indrukwekkende verzameling monumenten, met religieuze en civiele gebouwen uit alle tijdperken. De architectonische stijlen zijn ook zeer divers: er zijn gotieke, mudejar, renaissance, barokke, neoklassieke werken...

Een tocht door Sevilla in een koets is een van de meest populaire mogelijkheden om de stad te leren kennen. Op deze manier kan men, comfortabel gezeten, in korte tijd, de meest interessante monumenten van de stad zien.

De in het jaar 1221 voltooide Torre del Oro is een van de iconen van de stad. De oorsprong van de naam is niet duidelijk, maar er wordt gezegd dat het komt door zijn gouden gloed in het zonlicht.

Het paleis San Telmo is een barok gebouw dat momenteel dienstdoet als overheidsgebouw. In het paleis zijn veel beelden van verschillende historische personen uit de Sevillaanse cultuur.

Het Real Alcázar van Sevilla is een versterkt paleis met architectonische kenmerken uit verschillende perioden. Om die reden is het een gebouw van groot cultureel belang en een van de meest bezochte in de stad.

La Catedral de Sevilla
PATRIMONIO DE LA HUMANIDAD
.... p. 38-39

Seville Cathedral
A WORLD HERITAGE SITE

Seville Cathedral is a record-breaking monument: it is the largest Christian Gothic cathedral in the world, it has the bell tower with the most bells of any cathedral in Spain and is the most visited monument in the city.

La Giralda is the most important icon in the city. It is the bell tower of the Cathedral of Saint Mary of the See. The tower is almost 100 metres tall and, for several centuries, was one of the tallest buildings in Europe.

La Giralda reflects the city's history and the various cultures that have lived in Seville. The lower section is a 12th Century minaret. The upper section dates from the 16th Century and is a Christian construction built in a Renaissance-Plateresque style.

Many works of art by the best Spanish artists throughout history can be found inside the cathedral: there are paintings by such painters as Murillo and Zurbarán, and sculptures by such sculptors as Martínez Montañés.

The Seville Cathedral complex includes buildings from the Renaissance, Baroque, Academic and Neogothic periods. The place is a paradise for any history of art student.

La cathédrale de Séville
PATRIMOINE DE L'HUMANITÉ

La cathédrale de Séville est un monument qui bat des records : il s'agit de la cathédrale gothique chrétienne la plus grande du monde, elle possède le clocher doté du plus grand nombre de cloches de toutes les cathédrales du pays et c'est le monument le plus visité de la ville.

La Giralda est l'icône la plus importante de la ville. Il s'agit de la tour du clocher de la cathédrale de Santa María de la Sede de Sevilla. Durant des siècles, cette tour mesurant presque cent mètres a été l'une des constructions les plus élevées d'Europe.

La Giralda reflète l'histoire de la ville et les cultures qui l'ont habitée. La partie inférieure de la tour est un minaret datant du xiie siècle. La partie supérieure date du xvie siècle et est une construction chrétienne de style Renaissance et plateresque.

La cathédrale héberge de nombreuses œuvres d'art des meilleurs artistes de l'histoire : il y a des tableaux de peintres comme Murillo ou Zurbarán, ou des sculptures de sculpteurs comme Martínez Montañés.

L'ensemble des œuvres de la cathédrale de Séville comprend des édifices des époques Renaissance, baroque, académique et néogothique. Cet endroit est un véritable paradis pour tous les étudiants d'histoire de l'art.

Die Kathedrale von Sevilla
UNESCO-WELTERBE

Die Kathedrale von Sevilla ist ein Bauwerk, das Rekorde bricht: es ist die größte gotische christliche Kirche der Welt, hat den Glockenturm mit den meisten Glocken aller Kathedralen Spaniens und ist das meistbesuchte Monument der Stadt.

Die Giralda ist das Wahrzeichen der Stadt. Es handelt sich um den Glockenturm der Kathedrale Santa María de la Sede. Es ist ein fast hundert Meter hoher Turm, der über Jahrhunderte zu den höchsten Bauten Europas zählte.

Die Giralda ist ein Spiegelbild der Stadtgeschichte und der verschiedenen Kulturen, die in Sevilla gelebt haben. Der untere Teil des Turms ist ein Minarett aus dem 12. Jahrhundert. Der aus dem 16. Jahrhundert stammende obere Teil wurde von Christen im Renaissance- und plateresken Stil erbaut.

Im Inneren der Kathedrale befinden sich viele Kunstwerke der besten spanischen Künstler der Geschichte: hier finden sich Malereien von Murillo oder Zurbarán und Skulpturen von Bildhauern wie Martínez Montañés.

Zu dem Gebäudekomplex der Kathedrale von Sevilla zählen Gebäude aus der Renaissance, dem Barock, sowie den Epochen der Akademik und Neugotik. Dieser Ort ist ein Paradies für alle Studenten der Kunstgeschichte.

De Kathedraal van Sevilla
WERELDERFGOED

De Kathedraal van Sevilla is een monument dat records breekt: het is de grootste gotische christelijke kathedraal van de wereld, het heeft de klokkentoren met de meeste klokken van alle kathedralen in het land en het is het meest bezochte monument van de stad.

De Giralda is het belangrijkste icoon van de stad. Het is de toren van de klokkentoren van de Kathedraal van Santa María de la Sede van Sevilla. Het is een toren van bijna honderd meter hoog en eeuwenlang was het een van de hoogste bouwwerken van Europa.

De Giralda is een weerspiegeling van de geschiedenis van de stad en van de culturen die Sevilla hebben bewoond. Het onderste gedeelte van de toren is een minaret uit de twaalfde eeuw. Het bovenste gedeelte is uit de zestiende eeuw en het is een christelijke constructie in renaissance- en platereske stijl.

In de kathedraal bevinden zich veel kunstwerken van de beste Spaanse kunstenaars uit de geschiedenis: er zijn schilderijen van schilders als Murillo of Zurbarán, of beelden van beeldhouwers als Martínez Montañés.

In het gebouwencomplex van de Kathedraal van Sevilla zijn verschillende gebouwen uit Renaissance, Barokke, Academische en Neogotische periode. Deze plek is een paradijs voor alle kunstgeschiedenisstudenten.

La Feria de Abril
UN EVENTO ANUAL
.... **p. 50-51**

The Feria de Abril
AN ANNUAL EVENT
This festival is held every spring in Seville. Everyone gathers in a large area called the *Real de la Feria*, where streets of casetas (large temporary huts) are decorated with lanterns. Horse-drawn carriages travel around these temporary streets ferrying festival-goers from one side to another.

The *Feria de Abril* is the most popular festival in the city. Everyone who goes to the *Feria de Abril* gets dressed up for the occasion. Women wear a flamenco dress while men usually wear a jacket, with or without a tie. The horse riders usually wear the traditional costume.

The festival is organised into casetas, where people dance *sevillanas*, eat and drink. Some *casetas* are public and anyone can go in but most are private with restricted access.

The *Feria de Abril* begins with the *alumbrao*. This ceremony is when all the lights on the main entrance gate are switched on, after which all the other lights within the *Real de la Feria* are switched on.

Rebujito is a refreshing alcoholic drink that is highly popular at the *Feria de Abril*. It is a mixture of chamomile or *fino* (two types of wine) with a fizzy lemonade.

La Feria de Abril
UN ÉVÉNEMENT ANNUEL
C'est une fête qui a lieu chaque printemps à Séville. Tout le public se rassemble dans une grande enceinte appelée Real de la Feria, où il y a des rues avec des *casetas* (cabanes provisoires en toile) décorées de lampions. Des calèches qui transportent les participants à la fête circulent dans ces rues temporaires durant la journée.

La Feria de Abril est la fête la plus populaire de la ville. Toutes les personnes qui se rendent à la Feria se mettent sur leur trente-et-un. Les femmes portent le costume de danseuse de flamenco et les hommes portent une veste, avec ou sans cravate. Les hommes à cheval portent généralement le costume traditionnel.

La fête est organisée en *casetas*, où les Sévillans dansent, boivent et mangent. Certaines *casetas* sont publiques et peuvent être visitées par tous, mais la plupart sont privées et leur accès est restreint.

La Feria débute par l'*alumbrao*. Lors de cette cérémonie, on allume toutes les ampoules de la *portada*, l'entrée principale de la Feria, puis toutes les lumières de l'enceinte du Real de la Feria sont allumées.

Le *rebujito* est une boisson rafraîchissante et alcoolisée très populaire lors de la Feria. Il s'agit d'un mélange de Manzanilla ou Fino (deux types de vin) avec du soda.

Die Feria de Abril
EIN JÄHRLICHES EVENT

Es ist ein Fest, das jedes Frühjahr in Sevilla gefeiert wird. Alle Besucher versammeln sich auf einem großen Gelände, das Real de la Feria heißt und auf dem viele mit Laternen dekorierte Festzelte aufgebaut sind. Tagsüber fahren durch diese temporären Straßen Pferdekutschen, welche die Besucher des Festes von einem Ort zum anderen transportieren.

Die Feria de Abril ist das beliebteste Fest der Stadt. Alle, die zur Feria gehen, ziehen ihre beste Kleidung an. Die Frauen tragen ihre Flamenco-Kleider und die Männer tragen normalerweise ein Jackett, mit oder ohne Krawatte. Männer zu Pferd tragen meist ein traditionelles Kostüm.

Das Fest findet in Festzelten statt, wo Sevillanas getanzt werden, getrunken und gegessen wird. Einige der Festzelte sind für jedermann zugänglich, die meisten sind jedoch privat und nicht öffentlich.

Die Feria beginnt mit dem „alumbrao". Im Rahmen dieser Zeremonie werden alle Glühlampen der Eintrittspforte zur Feria eingeschaltet und danach alle restlichen Lichter auf dem Festgelände Real de la Feria.

Der rebujito ist ein erfrischendes alkoholisches Getränk, das auf der Feria sehr beliebt ist. Er ist eine Mischung aus Manzanilla- oder Fino-Wein mit einem kohlensäurehaltigen Erfrischungsgetränk.

De Feria de Abril
EEN JAARLIJKS EVENEMENT

Het is een feest dat elk voorjaar in Sevilla wordt gevierd. Al het publiek verzamelt zich op een groot terrein dat Real de la Feria genoemd wordt, met straten met tenten die versierd zijn met lantaarns. Door deze tijdelijke straten rijden overdag koetsen die de feestvierders van de ene naar de andere kant vervoeren.

De Feria van Abril is het populairste feest in de stad. Iedereen die naar de Feria gaat, heeft zijn beste kleren aangetrokken. De vrouwen dragen een flamenco-jurk en de mannen dragen meestal een colbert, met of zonder stropdas. Mannen te paard dragen meestal traditionele kleding.

Het feest wordt georganiseerd in "casetas", tijdelijke feesttenten, waar flamenco gedanst wordt en waar gegeten en gedronken wordt. Sommige van deze "casetas" zijn openbaar en kunnen door iedereen bezocht worden maar de meeste zijn privé en exclusief toegankelijk.

Het feest begint met de "alumbrao". Hierbij worden eerst alle lampen bij de poort, de hoofdingang van de Feria, aangestoken en daarna alle verlichting van het terrein van de Real de la Feria.

Een" rebujito" is een verfrissend, alcoholisch drankje dat heel populair is op de Feria. Het is een mengsel van droge sherry met koolzuurhoudende frisdrank.